WxPython

Par Julien FAUJANET

Table des matières

Table des matières

Introduction

Ce livre s'adresse aux personnes qui ont déjà les bases en Python (Version 3) et qui veulent apprendre à créer des interfaces graphiques avec la bibliothèque WxPython, qui est pour moi, la plus simple à utiliser. Du moins dans le domaine des interfaces graphiques.

L'apprentissage de cette bibliothèque sera regroupé en plusieurs tomes. Voici le contenu de ce premier tome :

Nous commencerons par créer une simple fenêtre, puis nous verrons comment optimiser sa création. Vous pourrez par la suite, créer d'autres fenêtres et les personnaliser.

Ensuite nous créerons des panels. Ce sont des cadres que l'on place dans les fenêtres pour y regrouper des éléments graphiques. C'est (entre-autre) très pratique quand l'on veut cacher un groupe de plusieurs éléments en même temps.

Nous apprendrons à gérer les couleurs de plusieurs manières et même à créer des nuances de couleurs.

Nous verrons aussi les boutons et apprendrons comment interagir avec.

Nous créerons nos propres menus gérerons les évènements. Puis ce sera au tour des Labels (que je nomme label mais qui ont un nom un peu plus difficile à retenir « StaticText ») ainsi que les champs de textes (qui se nomme TextCtrl dans la bibliothèque WxPython).

Ensuite viendra le tour des Images et des boutons contenant des images.

Nous passerons ensuite à la création de la barre d'outils qui se fait de manière très simple.

Et nous finirons avec les boites de dialogues. Nous en verrons plusieurs types :

Boite de dialogue simple, qui se contente d'afficher un titre et un texte et qui attend que l'utilisateur clique sur un bouton.

Boite de dialogue à choix, qui demande à l'utilisateur de faire un choix dans une liste.

Boîtes de dialogue à choix multiple. Pareil que la précédente mais l'utilisateur peut choisir plusieurs valeurs dans la liste.

Dans les tomes suivants nous verrons des notions et éléments plus avancés et aussi nous mettrons en pratique ce que nous aurons appris pour créer des logiciels avec des TP.

Mais ça, ce sera plus tard. Pour le moment, concentrons nous sur ce livre.

Je vous souhaite une bonne lecture.

1. Première fenêtre

Dans ce chapitre :

- ➢ Importer la bibliothèque
- ➢ Créer notre première fenêtre
- ➢ Optimiser la création de la fenêtre principale
- ➢ Conclusions

Pour commencer il va nous falloir importer la bibliothèque (et l'installer si vous ne l'avez pas déjà fait).

Ce chapitre part du principe que vous avez installé, la bibliothèque ou que vous savez le faire. Il n'est pas expliqué ici comment installer une bibliothèque ni même un module.

La bibliothèque se nomme wx et pour l'importer, rien de plus simple, vous devez faire :

D'ailleurs, il y à plusieurs manières d'importer une bibliothèque en Python. Libre à vous de l'importer d'une manière différente de la mienne, mais prenez en compte le paragraphe de mise en garde suivant.

Mise en garde :

ATTENTION :

Avant de commencer je précise que de la manière dont j'ai importé la bibliothèque, il me faudra écrire le préfixe « wx » à chaque fois que je ferai appel à une classe, une fonction, une constante ou n'importe quelle instruction de la bibliothèque.

Je ne mentionnerai pas ce préfixe quand je vous donnerai le nom d'un des éléments de la bibliothèque. Par exemple quand j'écrirai : « wx.Frame », je vous dirai : la classe se nomme « Frame ».

Il serait peut être plus pratique de l'importer comme sur la capture suivante. Ça éviterait de devoir écrire le préfixe « wx » à chaque fois mais bon. Chacun ses préférences :

```
1    from wx import *
```

Créer notre première fenêtre

Maintenant, nous pouvons attaquer le code. Regardez la capture suivante, je vous la détaille ensuite :

```
 4     def run_window():
 5
 6         app = wx.App()
 7         frame = wx.Frame(None)
 8         frame.SetSize((400, 200))
 9         frame.Show(True)
10         app.MainLoop()
11
12
13     run_window()
14
```

Il s'agit là du code minimum (que je place dans une fonction) pour afficher une fenêtre. Nous créons l'application à la ligne 6.

A la ligne 7 nous créons une instance d'une fenêtre avec la classe Frame (que nous nommons frame) qui prend en argument None qui signifie qu'elle n'a pas de parent (nous y reviendrons).

Nous utilisons la méthode « SetSize » à la ligne 8, sur notre objet frame en lui donnant en argument un tuple qui contient la taille que nous voulons donner à notre fenêtre.

Maintenant que notre fenêtre est créée, nous demandons de l'afficher à la ligne 9 avec la méthode Show.

Puis, très important, à la ligne 10 nous utilisons la méthode MainLoop sur notre objet app (notre application) qui permet de dire que le programme tourne en boucle et qui permet de garder affiché les fenêtres et autres éléments graphiques au lieu de quitter dès que l'exécution du code est terminée.

Voyons le résultat de tout ceci :

Voilà. Sympa pour seulement 5 lignes de code.

Optimiser la création de la fenêtre principale

Nous allons maintenant optimiser la création de la fenêtre principale. Mais d'abord rajoutons un titre à notre fenêtre un peu trop basique. Regardez le code :

```
 4    def run_window():
 5
 6        app = wx.App()
 7        frame = wx.Frame(None)
 8        frame.SetSize((400, 200))
 9        frame.Show(True)
10        frame.SetTitle("Titre de la fenêtre !"
11        app.MainLoop()
12
13
14    run_window()
15
```

A la ligne 10 j'utilise la méthode SetTitle (sur notre objet frame) qui permet de rajouter un titre à la fenêtre.

Regardez :

Bon, rien d'exceptionnel mais c'est mieux. Passons maintenant à l'optimisation :

```
21    class Windows(wx.Frame):
22        def __init__(self, *args, **kwargs):
23            super(Windows, self).__init__(*args, **kwarg
24            self.basicGUI()
25
26
27
28        def basicGUI(self):
29            self.SetSize((400,250))
30            self.Move((50, 200))
31            self.SetTitle("Mon super titre...")
32            self.Show(True)
33
34
35
36    def main():
37
38        app = wx.App()
39
40        frame = Windows(None)
41        app.MainLoop()
42
43
44    main()
```

Je crée une classe que je nomme « Windows » qui hérite de la classe Frame. A la ligne 28 je crée une méthode qui va faire toutes les initialisations que je désire. Bien sur je ne manque pas d'appeler la méthode (je le fais à l'initialisation de la classe, dans le _init_, ligne 24).

Je paramètre la taille de la fenêtre (ligne 29). Ligne 30 je demande, ou déplacer la fenêtre avec la méthode Move qui prend le tuple de la nouvelle position en argument.

Puis pour les lignes 31 et 32 : le titre et l'affichage, nous les avons déjà vu.

Ensuite je crée une fonction main, en dehors de ma classe qui va lancer le programme. Un peu comme dans le premier exemple sauf que cette fois-ci l'objet « frame » n'instancie pas la classe Frame mais notre classe Windows fraichement créée.

Regardez le résultat :

Voilà, rien d'exceptionnel mais le code est un peu plus optimisé.

Conclusions

Pour résumer nous devons importer la bibliothèque en faisant import wx.

Puis le code minimum pour créer une fenêtre :

Instancier l'application avec App.

Instancier un objet fenêtre de la classe Frame (ou d'une classe que vous créez qui hérite de cette classe) et qui ne prend que l'argument None qui signifie qu'elle n'a pas de parent.

Bien évidemment il y a des arguments que vous pouvez donner mais nous les verrons plus tard.

Puis ne pas oublier de faire un MainLoop sur l'objet que nous avons instancié de la classe App.

Vous pouvez renseigner la taille que vous désirez pour votre fenêtre en envoyant à la méthode SetSize un tuple qui contient les valeurs pour la largeur et la hauteur.

Vous pouvez aussi renseigner à quelle position vous voulez déplacer la fenêtre en renseignant à la méthode Move, un tuple qui contient les valeurs X et Y (en pixels) de la nouvelle position.

Vous pouvez renseigner un titre pour votre fenêtre avec la méthode SetTitle et en donnant le titre que vous désirez sous forme de chaine de caractères.

Attention :
Pour qu'une fenêtre soit visible à l'écran vous devez lui demander de s'afficher avec la méthode Show.

Ce chapitre est à présent terminé, dans le prochain chapitre nous verrons plus en détail les fenêtres mais aussi quelque chose dont vous vous servirez très souvent : les Panels.

2. Fenêtres et Panels

Dans ce chapitre :

- ➢ Créer des fenêtres
- ➢ Hériter une fenêtre
- ➢ Créer des Panels
- ➢ Hériter un Panel
- ➢ Conclusions

Créer des fenêtres

Nous allons créer des fenêtres. Regardez le code dans un premier temps :

```
19    class Windows(wx.Frame):
20        def __init__(self, *args, **kwargs):
21            super(Windows, self).__init__(*args, **kwarg
22            self.basicGUI()
23
24        def basicGUI(self):
25            self.SetSize((800, 600))
26            self.Move((0, 22))
27            self.Show(True)
28
29            self.sousFrame = wx.Frame(self,
30                                      id=-1,
31                                      pos=(200, 300),
32                                      size=(300, 200))
33            self.sousFrame.Show()
34
35
36    def main():
37        app = wx.App()
38        frame = Windows(None)
39        app.MainLoop()
40
41
42    main()
```

J'ai repris la classe du chapitre précédent, elle nous sera utile tout au long du livre.

Le code qui nous intéresse ici, commence à la ligne 29 avec la création d'une fenêtre en instanciant la classe Frame et en l'assignant à self.sousFrame.

self.sousFrame (que j'abrégerai ici en sousFrame) sera donc un attribut de notre fenêtre principale, ou pour le dire avec des termes plus basiques :

 sousFrame sera une sous fenêtre de notre fenêtre principale.

Maintenant, étudions les arguments que la classe Frame prend dans cet exemple :

Le premier argument est l'argument qui désigne le parent de l'objet que l'on crée. Ici j'ai mis « self » et étant donné que nous nous trouvons dans « Windows » (la fenêtre principale) au moment de la création de cet objet : self correspond donc à notre fenêtre principale.

Attention :

Il est très important de définir le bon parent pour un objet car, quand on définira la position de cet objet elle se fera en position relative à cet objet. Je m'explique :

Si vous dîtes que la fenêtre principale est positionnée à :

x :100 et y :100.

Et disons une fenêtre 2 positionnée à :

x :500 et y :500.

Si quand vous créerez un objet vous lui donnez comme parent la fenêtre principale et que vous le positionnez à :

x :10 et y :10.

Sa position sera :

x :110 et y :110

Puisque cette position x,y : 10,10 elle démarre là ou le parent démarre (je le dis de façon barbare mais c'est pour vous faire comprendre.)

Par contre si vous lui donnez comme parent la fenêtre 2 qui a la position x,y : 500,500 et que vous positionnez votre objet en x,y : 10,10, il sera à : 510,510.

Voilà pour le parent, maintenant regardez le deuxième argument, il s'agit de « id » c'est un numéro qui peut identifier votre élément graphique.

Si vous donnez le même numéro à deux éléments vous aurez des conflits. Heureusement si vous ne voulez vous tromper et ne pas tenir les comptes des IDs vous pouvez mettre wx.ID_ANY qui est une constante.

Ensuite, il y a pos, qui prend un tuple qui correspond à la position (en fonction du parent). Puis size, qui prend un tuple aussi qui correspond à la taille de la fenêtre.

Et pour finir, ligne 33, on appelle la méthode Show pour afficher la fenêtre.

Voyons le résultat :

Voilà, vous avez votre fenêtre et votre sous-fenêtre (qui appartient à la fenêtre principale).

Maintenant nous allons rajouter une deuxième fenêtre (enfin, sous fenêtre) Le terme sous fenêtre n'est pas très correct, c'est juste pour vous faire les différencier puisque vous débutez.

Regardez le code :

```python
19    class Windows(wx.Frame):
20        def __init__(self, *args, **kwargs):
21            super(Windows, self).__init__(*args, **kwargs)
22            self.basicGUI()
23
24        def basicGUI(self):
25            self.SetSize((800, 600))
26            self.Move((0, 22))
27            self.Show(True)
28
29            self.sousFrame = wx.Frame(self,
30                                       id=-1,
31                                       pos=(50, 100),
32                                       size=(150, 100))
33            self.sousFrame.Show()
34
35
36            self.sousFrame2 = wx.Frame(self,
37                                        id=-1,
38                                        pos=(250, 100),
39                                        size=(300, 200))
40            self.sousFrame2.Show()
41
42
43    def main():
44        app = wx.App()
45        frame = Windows(None)
46        app.MainLoop()
47
48
49    main()
50
```

J'ai créé à la ligne 36 une deuxième fenêtre à l'intérieur de la
fenêtre principale. J'ai renseigné sa position et sa taille.

Regardez le résultat sur la capture suivante :

Rien de bien surprenant dans le rendu. Continuons.

Hériter une fenêtre

Je sais que nous avons déjà hérité une fenêtre mais personnellement j'ai prit pour habitude de ne jamais utiliser la classe de la fenêtre principale pour une fenêtre lui appartenant. C'est plus une manie qu'autre chose, mais je trouve pour c'est plus clair comme ça.

J'ai Windows qui est la classe de la fenêtre principale (qui aura des paramètres spécifiques) et je crée une classe « MaFrame » pour toutes mes autres fenêtres.

Je vous montre le code mais vous pouvez faire comme vous le souhaitez :

```python
class MaFrame(wx.Frame):
    def __init__(self, *args, **kwargs):
        super(MaFrame, self).__init__(*args, **kwargs)
        self.basicGUI()

    def basicGUI(self):
        self.Show(True)


class Windows(wx.Frame):
    def __init__(self, *args, **kwargs):
        super(Windows, self).__init__(*args, **kwargs)
        self.basicGUI()

    def basicGUI(self):
        self.SetSize((1920, 1080))
        self.Move((0, 22))
        self.Show(True)

        self.sousFrame = MaFrame(self,
                                 id=-1,
                                 pos=(50, 100),
                                 size=(150, 100))

        self.sousFrame2 = MaFrame(self,
                                  id=-1,
                                  pos=(250, 200),
                                  size=(300, 200))


def main():
    app = wx.App()
    frame = Windows(None)
    app.MainLoop()


main()
```

Comme vous le voyez, j'en ai profité pour mettre la méthode Show dans la méthode d'initialisation que j'ai créé.
Comme ça je n'ai plus à l'appeler moi-même.

Créer des Panels

Les Panels sont extrêmement pratique. Je m'en sers tout le temps. Ils vous permettent de créer un cadre qui regroupera des éléments et quand vous cacherez le Panel (on apprendra à le faire plus tard) tous les éléments du Panel seront cachés avec lui.

Ça permet aussi de positionner les éléments de manière relative à ce Panel quand on le défini comme parent. Mais ne perdons pas de temps.

Regardez ce code :

```python
19   class Windows(wx.Frame):
20       def __init__(self, *args, **kwargs):
21           super(Windows, self).__init__(*args, **kwarg
22           self.basicGUI()
23
24       def basicGUI(self):
25           self.SetSize((800, 600))
26           self.Move((0, 22))
27           self.Show(True)
28
29           self.panel = wx.Panel(self)
30           self.panel.SetPosition((200, 200))
31           self.panel.SetSize((400, 200))
32           self.panel.SetBackgroundColour("Red")
33
34
35   def main():
36       app = wx.App()
37       frame = Windows(None)
38       app.MainLoop()
39
40
41   main()
```

Le code nouveau commence à la ligne 29, je crée un panel en instanciant la classe Panel, qui sera un attribut de la fenêtre principale et le seul argument que je lui donne c'est son parent (ici, self) qui n'est autre que la fenêtre principale.

Ensuite je décide de renseigner le reste des informations dont le Panel a besoin avec les méthodes (pour vous apprendre à les utiliser).

Je défini la position du Panel avec la méthode SetPosition qui prend un tuple qui contient les valeurs x et y en pixels.

Je fais pareil avec la méthode SetSize (pour la taille) que nous avons déjà vu et qui prend la largeur et hauteur en pixels.

Puis une nouvelle méthode : SetBackgroundColour qui permet de paramétrer la couleur d'arrière-plan d'un élément.

Ici je lui donne en argument : « Red » sous forme de chaine de caractères.

Nous étudierons les couleurs et leur gestion très bientôt.

Pour résumer ici, nous avons donc un Panel qui est un enfant de la fenêtre principale et qui est positionné à 200 pixels du côté gauche et 200 pixels du haut de la fenêtre principale.

Ce Panel a une taille de 400 pixels de large sur 200 de haut et il a une couleur d'arrière-plan : « Rouge ».

Vous le verrez sur la capture que si vous avez acheté une version e-book et pas en version papier qui est en noir et blanc.

Regardons le résultat sur la capture suivante :

Le résultat correspond exactement à ce que nous attendions.
Continuons.

Hériter un Panel

Nous allons hériter un Panel. Cet exemple n'aura rien
d'exceptionnel mais ce sera à vous de trouver des utilisations
d'héritages de Panel qui correspondent à vos besoins. Regardez le
code :

```python
19   class MonPanel(wx.Panel):
20       def __init__(self, *args, **kwargs):
21           super(MonPanel, self).__init__(*args, **kwargs)
22           self.basicGUI()
23
24       def basicGUI(self):
25           self.SetBackgroundColour("Red")
26
27
28   class Windows(wx.Frame):
29       def __init__(self, *args, **kwargs):
30           super(Windows, self).__init__(*args, **kwargs)
31           self.basicGUI()
32
33       def basicGUI(self):
34           self.SetSize((1920, 1080))
35           self.Move((0, 22))
36           self.Show(True)
37
38           self.panel = MonPanel(self)
39           self.panel.SetPosition((200, 200))
40           self.panel.SetSize((400, 200))
41
42
43   def main():
44       app = wx.App()
45       frame = Windows(None)
46       app.MainLoop()
47
48
49   main()
```

C'est exactement le même principe que pour la Frame un peu plus
haut. Vous pouvez toujours imaginer créer des Panels spécifiques
selon vos besoins et que vous hériterez tout au long de votre
programme.

Le résultat est sans surprise, comme vous pouvez le voir à la capture suivante :

Conclusions

Une Frame est une fenêtre à qui vous renseignez un parent qui lui permettra de se positionner par rapport à lui.

Les méthodes SetPosition et SetSize vous seront très utiles pour positionner et redimensionner un élément. Vous les utiliserez énormément.

Les Panels sont des cadres qui permettent de regrouper des éléments. (Nous verrons des exemples plus concrets plus loin, car pour l'instant vos connaissances ne vous permettent pas encore de mettre ceci en pratique. Mais patience).

Au prochain chapitre nous allons gérer les couleurs avec la classe Colour.

3. Couleurs

Dans ce chapitre :

- ➢ Les différentes façons de créer une couleur
- ➢ Méthodes sur les couleurs
- ➢ Conclusions

Les différentes façons de créer une couleur

Pour créer une couleur nous devons utiliser la classe « Colour » qui peut s'instancier de plusieurs manières. La première étant de renseigner le nom de la couleur sous forme de chaine de caractères (comme nous l'avons vu plus tôt).

Je vais détailler le code de la capture suivante ici car elle est très volumineuse.

La partie du code qui nous intéresse ici se trouve aux lignes 26, 27 et 28, j'y crée respectivement les couleurs bleu, rouge et vert.

J'ai créé dans cet exemple deux autres fenêtres (avec ma classe « MaFrame » que j'ai hérité de la classe Frame.)

J'utilise la méthode SetBackgroundColour que nous avions vu plus tôt pour changer les couleurs d'arrière-plan de mes fenêtres et je donne comme couleur :

Le bleu a la fenêtre principale et le rouge et le vert aux deux autres fenêtres.

La fenêtre la plus à gauche sera donc rouge et celle de droite sera verte. Quant à la principale comme je vous l'ai dit elle sera bleue.

Sur la capture suivante, vous avez le détail du code et sur celle d'après vous avez le rendu du résultat.

```python
class MaFrame(wx.Frame):
    def __init__(self, *args, **kwargs):
        super(MaFrame, self).__init__(*args, **kwargs)
        self.basicGUI()

    def basicGUI(self):
        self.Show(True)

class Windows(wx.Frame):
    def __init__(self, *args, **kwargs):
        super(Windows, self).__init__(*args, **kwargs)
        self.bleu = wx.Colour("Blue")
        self.rouge = wx.Colour("Red")
        self.vert = wx.Colour("Green")

        self.basicGUI()

    def basicGUI(self):
        self.SetSize((1920, 1080))
        self.Move((0, 22))
        self.Show(True)
        self.SetBackgroundColour(self.bleu)

        self.sousFrame = MaFrame(self,
                                 id=-1,
                                 pos=(50, 100),
                                 size=(150, 100))

        self.sousFrame.SetBackgroundColour(self.rouge)

        self.sousFrame2 = MaFrame(self,
                                  id=-1,
                                  pos=(250, 200),
                                  size=(300, 200))

        self.sousFrame2.SetBackgroundColour(self.vert)

def main():
    app = wx.App()
    frame = Windows(None)
    app.MainLoop()


main()
```

Voyons maintenant une autre méthode pour créer une couleur.

```
self.bleu = wx.Colour((0, 0, 255))
self.rouge = wx.Colour((255, 0, 0))
self.vert = wx.Colour((0, 255, 0))
```

Avec un tuple qui prend respectivement les valeurs de rouge de vert et de bleu, allant de 0 à 255. Continuons.

Méthodes sur les couleurs

Voyons un peu les méthodes sur les couleurs. Nous commençons avec la méthode ChangeLightness qui permet de changer la luminosité d'une couleur.

```
28          self.bleu = wx.Colour("Blue")
29          self.rouge = wx.Colour("#FF0000")
30          self.vert = wx.Colour((0, 255, 0))
31          self.jaune = wx.Colour((255, 255, 0))
32
33          self.bleu_clair = self.bleu.ChangeLightness(180
34
35
```

Vous avez une autre façon de créer une couleur à la ligne 29. Il s'agit de la couleur en Hexadécimal.

Pour en revenir à ChangeLightness, elle prend en argument un nombre entier entre 0 et 200 qui correspond à 0 : totalement sombre et 200 : totalement clair. 100 : luminosité normale.

Vous avez aussi les méthodes :
Red, Green et Blue qui vous renvoient respectivement les taux de Rouge de Vert et de Bleu d'une couleur.

Sur la capture suivante on ne le voit pas très bien mais j'ai appelé les méthodes Red puis Green puis Blue sur les couleurs jaune et bleu clair que j'avais créées plus haut et j'ai affiché le résultat dans un print (voir plus bas).

```
36
37          print("Ratio de rouge : ", self.jaune.Red())
38          print("Ratio de vert : ", self.jaune.Green())
39          print("Ratio de bleu : ", self.jaune.Blue())
40
41          print("Ratio de rouge dans bleu clair : ", self.bleu_clair.Red()
42          print("Ratio de vert dans bleu clair : ", self.bleu_clair.Green(
43          print("Ratio de bleu dans bleu clair : ", self.bleu_clair.Blue(
44
45          print("Ratio : ", self.bleu_clair.GetRGB())
46
47          self.basicGUI()
48          self.SetBackgroundColour(self.bleu_clair)
49
```

Ligne 45 j'utilise aussi la méthode GetRGB sur ma couleur bleu clair qui renvoi la valeur Rouge, Vert, Bleu en un seul nombre.

Résultat des valeurs :

```
Ratio de rouge :  255
Ratio de vert :  255
Ratio de bleu :  0
Ratio de rouge dans variante de bleu :  204
Ratio de vert dans variante de bleu :  204
Ratio de bleu dans variante de bleu :  255
Ratio :  16764108
```

Vous avez dans l'ordre les taux de rouge, vert et bleu de la couleur jaune.
Puis les taux de rouge, vert et bleu de ma couleur bleu clair.

Et pour finir la valeur RGB en sous forme d'entier de la couleur bleu clair.

Le rendu est sur la capture suivante :

Conclusions

Pour créer une couleur on utilise la classe Colour.

On peut créer une couleur de plusieurs manières dont les plus pratiques sont :

En renseignant la couleur sous forme de chaine de caractères.

En renseignant ses valeurs rouge, vert et bleu allant chacune de 0 à 255, en les envoyant sous forme de tuple.
Ou en renseignant sa valeur Hexadécimale sous forme de chaine de caractères.

Pour connaître les taux de rouge, vert ou bleu d'une couleur on utilise les méthodes :
Red, Green et Blue.

On peut changer la luminosité d'une couleur avec la méthode ChangeLightness.

Ce chapitre est à présent terminé. Dans le prochain nous verrons les boutons et méthodes.

4. Boutons et Méthodes

Dans ce chapitre :

- ➢ Créer des boutons
- ➢ Les méthodes communes aux contrôles
- ➢ Conclusions

Créer des boutons

Nous allons dans l'exemple suivant, créer un bouton très simple (qui en plus ne fait rien car nous n'avons pas encore étudié les évènements).
Regardez le code :

```
15    class Windows(wx.Frame):
16        def __init__(self, *args, **kwargs):
17            super(Windows, self).__init__(*args, **kwargs)
18            self.basicGUI()
19
20        def basicGUI(self):
21            self.SetSize((1920, 1080))
22            self.Move((0, 22))
23            self.Show(True)
24
25            self.bouton = wx.Button(self,
26                                    id=wx.ID_ANY,
27                                    label="Cliquez-moi",
28                                    pos=(150, 200))
29
30
31    def main():
32        app = wx.App()
33        frame = Windows(None)
34        app.MainLoop()
35
36
37    main()
```

Le code qui nous intéresse commence à la ligne 25. Je crée un bouton en instanciant un objet de la classe Button. Voyons les arguments :

Le premier c'est le parent, vous commencez à être habitués. Je lui donne donc self car je veux que le parent soit la fenêtre principale. Le second argument c'est id, sauf que là, je vous en avais parlé j'ai utilisé la constante : « ID_ANY », je ne me soucis pas de l'id ici. Le troisième argument est nouveau pour nous, il s'agit de label, qui prend comme valeur : Le texte que vous voulez donner à votre bouton. Puis pour finir, la position.

Notez que j'aurais pu renseigner la taille mais le bouton prendra la taille qu'il devra en fonction de la longueur du texte. (C'est paramétrable).

Résultat :

Basique (pour l'instant).

Les méthodes communes aux contrôles

Etudions quelques méthodes communes aux contrôles (aux
éléments, ou Widget, il y a pas mal de noms ;-).

```
46     size = self.sousFrame.GetSize()
47     position = self.sousFrame.GetPosition()
48
49     self.sousFrame.SetSize((80, 200))
50     self.sousFrame.SetPosition((50, 800))
51
52     self.sousFrame.Hide()
53     self.sousFrame.Show()
54
55     self.sousFrame.SetTitle("Titre de ma Frame")
56
```

Lignes 46 et 47 j'utilise les méthodes GetSize et GetPosition qui comme vous vous en doutez sont les getters de SetSize et SetPosition. Ce qui veut dire qu'on les utilise non pas pour paramétrer les valeurs cette fois-ci mais pour connaître la valeur actuelle.

Connaître la taille pour GetSize et connaître la position pour GetPosition. Je les ai respectivement stockés dans les variables size et position (qui sont grisées sur la capture parce que je ne les réutilise plus par la suite).

Ensuite il y a SetSize et SetPosition mais nous les connaissons. Ligne 52, il y a Hide qui est l'inverse de Show et qui veut dire cacher en Anglais.

Voilà déjà un des intérêt du Panel : Vous regrouper des éléments à l'intérieur du Panel, vous faîtes un Hide et ça permet de cacher tous les éléments d'un coup. (Un peu comme un menu qui disparaît).

Il y en a d'autres bien entendu. Dont une utile qui n'est pas sur la capture et qui est : « Close » qui permet de fermer une fenêtre.

Vous avez aussi :

SetForegroundColour qui permet de changer la couleur de premier plan d'un contrôle.

SetLabel pour changer le texte d'un bouton.

GetParent : très utile, pour appeler le parent d'un élément.

Conclusions

Pour créer un bouton on utilise la classe Button.

Il faut aussi renseigner un parent pour le bouton.

L'argument du bouton « label » permet de définir le texte du bouton.

La taille du bouton sera définie par défaut en fonction de la taille du texte. Regardez (désolé pour la qualité, je crée simplement un bouton avec un très long texte):

```
texte_du_bouton = """Cliquez-moi si le coeur vous en dit, sinon laissez-moi tranquille"
self.bouton = wx.Button(self, id=wx.ID_ANY, label=texte_du_bouton*20, pos=(150,200))
```

Résultat :

Du coup sur la capture du résultat on voit encore moins : Le bouton prend simplement toute la largeur de la fenêtre.

Je recommence mais en allant à la ligne dans le texte du bouton :

```
texte_du_bouton = """Cliquez-moi si le coeur vous en dit,
                     sinon laissez-moi tranquille"""
self.bouton = wx.Button(self, id=wx.ID_ANY, label=texte_du_bouton*20, pos=(150,20
```

Je suis juste allé à la ligne dans le texte du bouton et :

Cliquez-moi si le coeur vous en dit,
sinon laissez-moi tranquilleCliquez-moi si le coeur vous en dit,
sinon laissez-moi tranquilleCliquez-moi si le coeur vous en dit,
sinon laissez-moi tranquilleCliquez-moi si le coeur vous en dit,
sinon laissez-moi tranquilleCliquez-moi si le coeur vous en dit,
sinon laissez-moi tranquilleCliquez-moi si le coeur vous en dit,
sinon laissez-moi tranquilleCliquez-moi si le coeur vous en dit,
sinon laissez-moi tranquilleCliquez-moi si le coeur vous en dit,
sinon laissez-moi tranquilleCliquez-moi si le coeur vous en dit,
sinon laissez-moi tranquilleCliquez-moi si le coeur vous en dit,
sinon laissez-moi tranquilleCliquez-moi si le coeur vous en dit,
sinon laissez-moi tranquilleCliquez-moi si le coeur vous en dit,
sinon laissez-moi tranquilleCliquez-moi si le coeur vous en dit,
sinon laissez-moi tranquilleCliquez-moi si le coeur vous en dit,
sinon laissez-moi tranquilleCliquez-moi si le coeur vous en dit,
sinon laissez-moi tranquilleCliquez-moi si le coeur vous en dit,
sinon laissez-moi tranquilleCliquez-moi si le coeur vous en dit,
sinon laissez-moi tranquilleCliquez-moi si le coeur vous en dit,
sinon laissez-moi tranquilleCliquez-moi si le coeur vous en dit,
sinon laissez-moi tranquilleCliquez-moi si le coeur vous en dit,
sinon laissez-moi tranquille

Le bouton se règle même sur la hauteur.
La méthode Hide vous permettra de cacher un élément.

Les méthodes GetSize et GetPosition vous seront très utiles, pour connaître respectivement la taille et la position d'un élément.

Ce chapitre est à présent terminé, dans le prochain nous verrons les menus et enfin.... Les évènements.

5. Menus et évènements

Dans ce chapitre :

- ➢ Créer un Menu
- ➢ Les évènements
- ➢ Conclusions

Créer un menu

Nous allons commencer par la création d'un menu. Voici le code :

```
17  class Windows(wx.Frame):
18      def __init__(self, *args, **kwargs):
19          super(Windows, self).__init__(*args, **kwargs)
20          self.basicGUI()
21          self.MenuInit()
22
23      def basicGUI(self):
24          self.SetSize((1920, 1080))
25          self.Move((0, 22))
26          self.Show(True)
27
28      def MenuInit(self):
29          menuBar = wx.MenuBar()
30          fileButton = wx.Menu()
31          editbutton = wx.Menu()
32          exitItem = fileButton.Append(103, 'Exit', 'Status ms
33          menuBar.Append(fileButton, 'File')
34          menuBar.Append(editbutton, 'Edit')
35          self.SetMenuBar(menuBar)
36          self.Bind(wx.EVT_MENU, self.Quit, exitItem)
37
38      def Quit(self, e):
39          self.Close()
40
41
42  def main():
43      app = wx.App()
44      frame = Windows(None)
45      app.MainLoop()
46
47
48  main()
49
50  quit()
51
```

J'ai créé dans le code précédent une méthode qui regroupe toute la logique qui nous intéresse et je lance la méthode à l'initialisation de la classe de la fenêtre principale.

Le code qui nous intéresse ici et dans la méthode « MenuInit » et commence à la ligne 28 de la capture précédente.

Pour créer un Menu il faut utiliser la classe MenuBar qui sera le container de notre menu. Je l'instancie dans la variable que je nomme « menuBar ».

Ensuite nous allons créer différents menus. Dans cet exemple : Fichier et Edition que j'ai laissé en Anglais (File et Edit). Pour créer un Menu on instancie la classe « Menu ».

Ce que je fais en créant fileButton pour le menu File et editbutton pour le menu Edit (Ligne 30 et 31).

Pour créer un élément du menu (que l'on nomme Item dans le jargon) il faut utiliser la méthode « Append » sur un de nos Menus et lui renseigner quelques arguments:

Le premier argument est l'id, le deuxième est le nom de l'Item sous forme de chaine de caractères et le dernier est un texte d'aide à propos de cet Item. Je stocke cet Item dans la variable exitItem (Vous aurez compris que j'ai créé un Item pour quitter. Ça se passe ligne 32).

Aux lignes 33 et 34 j'utilise la méthode Append de menuBar mais cette fois-ci c'est pour ajouter nos menus File et Edit au container de notre menu, le premier argument est le menu et le deuxième est le nom que nous voulons voir s'afficher.

Ligne 35 j'utilise la méthode SetMenuBar de ma fenêtre principale pour lui assigner notre menuBar que j'ai créé plus haut. (On ne voit pas ce qui est écrit à cause de la souris. C'est menuBar).

Ligne 36, nous le verrons plus loin dans ce chapitre c'est la gestion de l'événement qui permettra d'exécuter une action au clic sur l'item de notre menu (Même si en lisant le code vous avez déjà une petite idée de ce que fait le programme dans ce cas-là).

Les évènements

Attaquons les évènements. Les événements vont permettre d'exécuter du code en fonction d'un élément déclencheur : Clic, Mouvement de souris, etc.... Dans le code suivant (séparé en plusieurs captures) je crée un Panel dans la prochaine capture et je lui donne quelques arguments :

```
17    class Windows(wx.Frame):
18        def __init__(self, *args, **kwargs):
19            super(Windows, self).__init__(*args, **kwargs)
20            self.basicGUI()
21            self.MenuInit()
22
23        def basicGUI(self):
24            self.SetSize((1920, 1080))
25            self.Move((0, 22))
26            self.Show(True)
27            self.panel = wx.Panel(self)
28            self.panel.SetPosition((50, 100))
29            self.panel.SetSize((150, 100))
30            self.panel.SetBackgroundColour("Red")
31
```

Dans la capture suivante il s'agit de notre précédente méthode
« MenuInit » avec seulement 2 lignes en plus par rapport à la
précédente version. Je vous les détaille en dessous :

```
31
32      def MenuInit(self):
33          menuBar = wx.MenuBar()
34          fileButton = wx.Menu()
35          editbutton = wx.Menu()
36
37          exitItem = fileButton.Append(103, 'Exit', 'Status msg')
38          changeColorItem = editbutton.Append(104, 'Change Color', 'Status msg 2')
39
40          menuBar.Append(fileButton, 'File')
41          menuBar.Append(editbutton, 'Edit')
42          self.SetMenuBar(menuBar)
43          self.Bind(wx.EVT_MENU, self.Quit, exitItem)
44          self.Bind(wx.EVT_MENU, self.ChangeColor, changeColorItem)
```

La première ligne que j'ai rajoutée est à la ligne 38. Il s'agit d'un
nouvel Item que j'ai créé mais que cette fois j'assigne au menu
Edit et non pas File. Je le nomme « changeColorItem » et le texte
qui s'affiche dans le menu est : « Change Color ».

Ensuite la deuxième ligne que j'ai rajoutée se trouve à la ligne 44
et il s'agit d'un événement (que je n'avais pas voulu détailler plus
haut, mais nous y venons maintenant).

Les évènements se créent avec la méthode Bind (utilisé sur le
contrôle qui est sensé les déclencher. Ici self, car c'est sur la
fenêtre principale et nous somme dans la classe Windows).

Détaillons les arguments que prend la méthode Bind :
Le premier est une constante qui définie le type d'événement qui
va déclencher l'action. Ici il s'agit de EVT_MENU pour les Items du
menu, mais il y en a beaucoup d'autres.

Le deuxième argument est la méthode qui va s'exécuter au déclanchement de l'événement et le troisième c'est l'objet qui va le déclencher.

Nous avons donc dans notre code : un événement Menu déclenché par l'Item exitItem qui lancera la méthode Quit et un autre événement Menu déclenché par l'Item changeColorItem et qui lancera la méthode ChangeColor.

Il faut savoir qu'une méthode déclenchée par un événement s'écrit de la même manière qu'une méthode normale à l'exception qui faut rajouter l'argument pour l'événement.

C'est un argument qui vous permettra de gérer l'événement en question plus en profondeur. Par exemple sur un événement « Clic » cet argument vous permettra de récupérer quel bouton a été cliqué etc....

Bref, gardez en tête que cet argument correspond à l'événement. En général on le note « e » mais vous n'êtes pas obligé.

Attaquons maintenant les deux méthodes d'évènements :

```
46          def Quit(self, e):
47              self.Close()
48
49          def ChangeColor(self, e):
50              couleur = self.panel.GetBackgroundColour(
51              if couleur == "Red":
52                  self.panel.SetBackgroundColour("Blue"
53                  print("Blue")
54              elif couleur == "Blue":
55                  self.panel.SetBackgroundColour("Red")
56                  print("Red")
57              self.Refresh()
58
59
60      def main():
61          app = wx.App()
62          frame = Windows(None)
63          app.MainLoop()
64
65
66      main()
```

La méthode Quit se contente de faire un self.Close (je rappelle que nous somme dans la fenêtre principale donc le self, c'est la fenêtre et donc le self.Close la fermera quand l'événement sera déclenché).

Dans la méthode ChangeColor, à la ligne 50 je récupère la couleur d'arrière-plan de mon panel (que j'ai créé plus haut) et je la stocke dans la variable couleur.

Je récupère la couleur avec la méthode :
« GetBackgroundColour ». Nous avions déjà vu SetBackgroundColour pour changer une couleur d'arrière-plan et

bien comme vous vous en doutez, son getter sert à récupérer la couleur.

Puis des lignes 51 à 56 c'est une simple condition qui dit que si la couleur du panel est Rouge, elle la met en Bleu et si elle est Bleu elle la met en Rouge.

A la ligne 57, je fais un self.Refresh qui permet de rafraichir la fenêtre et du coup d'appliquer le changement de couleur.

Faisons un essai :

Malheureusement mon logiciel de capture ne me permet pas de prendre le Menu du programme vu que pour faire la capture il a besoin de son propre menu.

Mais je vous le détaille : sur la capture précédente, le panel est Rouge. Maintenant je vais cliquer sur le menu Edit puis sur Change Color.

Voici le résultat sur la capture suivante :

Maintenant le panel est Bleu. Puisque nous connaissons les évènements, pourquoi ne pas en faire un sur un bouton :

Regardez la capture suivante :

```
17    class Windows(wx.Frame):
18        def __init__(self, *args, **kwargs):
19            super(Windows, self).__init__(*args, **kwargs)
20            self.basicGUI()
21            self.MenuInit()
22
23        def basicGUI(self):
24            self.SetSize((1920, 1080))
25            self.Move((0, 22))
26            self.Show(True)
27
28            self.button = wx.Button(self,
29                                    label="Change Color",
30                                    pos=(65, 220),
31                                    size=(120, 30))
32
33            self.panel = wx.Panel(self)
34            self.panel.SetPosition((50, 100))
35            self.panel.SetSize((150, 100))
36            self.panel.SetBackgroundColour("Red")
37
38            self.Bind(wx.EVT_BUTTON, self.ChangeColor, self.button)
39
```

Je crée un bouton à la ligne 28 et à la ligne 38 je crée son événement en donnant donc cette fois comme premier argument de Bind, la valeur EVT_BUTTON pour préciser que je veux un événement qui se déclenche au clic sur un bouton.

Je donne comme deuxième argument (qui doit être la méthode qui sera exécutée) la méthode ChangeColor. Oui je reprends la même ça n'a pas d'importante si je n'utilise pas l'argument « e » dans la méthode car sinon d'un côté le « e » fera référence à un objet de type événement Menu et de l'autre un objet de type événement Button.

Comme troisième et dernier argument je lui renseigne mon bouton vu que c'est lui qui déclenchera l'évènement.

Faisons un essai :

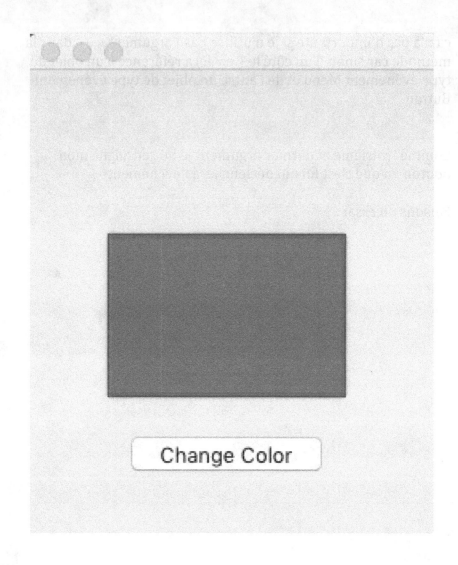

Le panel est rouge et quand je clique sur le bouton il devient bleu.

Résultat sur la capture suivante :

Regardez le code suivant :

```
self.panel.Bind(wx.EVT_ENTER_WINDOW, self.MouseEnter)
self.panel.Bind(wx.EVT_LEAVE_WINDOW, self.MouseLeave)

self.panel.Bind(wx.EVT_MOTION, self.MouseMotion)
```

C'est un événement et il n'y a que deux arguments. C'est très simple :
Si l'objet qui déclenche l'événement possède une méthode Bind vous pouvez la lancer directement sur lui et donc vous n'êtes plus obligé de renseigner ce fameux objet en troisième argument. En gros ça marche sur tous les Widgets.

Regardons maintenant ces 3 nouveaux événements de la capture précédente :

Le premier, EVT_ENTER_WINDOW se déclenche quand la souris entre dans le contrôle qui déclenche l'événement ; (ici le panel)

Le deuxième, EVT_LEAVE_WINDOW c'est l'inverse, il se déclenche quand la souris quitte le contrôle.

Le troisième, EVT_MOTION se déclenche quand la souris bouge dans le contrôle.

Sur la capture suivante je vous ai mis les méthodes que j'ai créées pour ces évènements :

```
70    def MouseEnter(self, e):
71        self.panel.SetBackgroundColour("Green")
72        print("Mouse Enter")
73        self.Refresh()
74
75    def MouseLeave(self, e):
76        self.panel.SetBackgroundColour("Red")
77        print("Mouse Leave")
78        self.Refresh()
79
80    def MouseMotion(self, e):
81        self.panel.SetBackgroundColour("Yellow")
82        print("Mouse Motion")
83        self.Refresh()
```

Pour MouseEnter, qui se déclenche à l'entrée de la souris dans le panel : La couleur d'arrière-plan du panel deviendra Verte.

Pour MouseLeave, qui se déclenche à la sortie de la souris du panel :
Sa couleur d'arrière-plan deviendra Rouge.

Pour MouseMotion, qui se déclenche quand la souris bouge dans le panel :

Sa couleur d'arrière-plan sera Jaune.

Inutile de préciser que la couleur Verte vous ne la verrez pas, ou très peu, car à l'entrée dans le panel la couleur devient Verte mais dès que la souris bouge la couleur deviendra Jaune et comme en entrant dans le panel la souris bougera, c'est l'événement Motion qui prendra le relai et la couleur passera au Jaune immédiatement.

Conclusions

Pour créer un menu il faut d'abord créer le MenuBar qui est le container, puis le Menu qui est un élément de MenuBar, puis les Items qui sont des éléments de Menu. Pour finir il faut assigner le MenuBar à la fenêtre.

Pour créer un événement il faut utiliser la méthode Bind.

Vous devez renseigner le type d'événement que vous voulez déclencher.

Il vous faut créer la méthode qui exécutera le code quand l'événement sera déclenché.

Il ne faut pas oublier d'envoyer l'événement en argument de la méthode qui exécutera le code. En général on le nomme « e ».

Si vous utilisez Bind directement sur l'élément qui déclenche l'événement vous n'avez plus besoin de le renseigner en troisième argument.

Ce chapitre est à présent terminé, dans le prochain nous allons voir les Labels ou plutôt : « StaticText ».

6. Labels (ou StaticText)

Dans ce chapitre :

- ➢ Créer des labels
- ➢ Plus loin avec les labels
- ➢ Conclusions

Créer des Labels

Nous commençons sur la capture suivante par créer un premier label :

```
10    class Windows(wx.Frame):
11        def __init__(self, *args, **kwargs):
12            super(Windows, self).__init__(*args, **kwargs)
13            self.basicGUI()
14            self.MenuInit()
15
16        def basicGUI(self):
17            self.SetSize((1920, 1080))
18            self.Move((0, 22))
19            self.Show(True)
20            self.premier_label = wx.StaticText(self,
21                                               label="Premier label",
22                                               pos=(200, 200))
```

Je crée à la ligne 20, un label avec la classe StaticText. Le label se crée comme un bouton : En argument 1 : le parent (Ici self), avec l'argument label vous renseignez le texte du label et ensuite la position. Regardons ce que ça donne :

Nous pouvons changer sa couleur d'arrière-plan. Vous savez déjà comment faire. Regardez :

```
20        self.premier_label = wx.StaticText(self,
21                                    label="Premier lab
22                                    pos=(200, 200))
23
24
25        self.premier_label.SetBackgroundColour("Yellow")
26
```

Résultat :

Premier label

Nous allons aussi changer sa couleur de premier plan avec
SetForegroundColour :

```python
self.premier_label.SetBackgroundColour("Yellow")
self.premier_label.SetForegroundColour("Red")
```

Résultat :

Premier label

Changeons le texte avec la méthode SetLabel qui prend en
argument le nouveau texte sous forme de chaine de caractères :

```python
self.premier_label.SetBackgroundColour("Yellow")
self.premier_label.SetForegroundColour("Red")

self.premier_label.SetLabel("Changement de texte !!!!")
```

Résultat :

Plus loin avec les Labels

Nous allons maintenant utiliser la classe Font pour changer les paramètres de la police de caractères :

```
28        self.premier_label.SetLabel("Changement de texte !!!!")
29
30        ma_font = wx.Font(25,
31                          wx.FONTFAMILY_DEFAULT,
32                          wx.FONTSTYLE_NORMAL,
33                          wx.FONTWEIGHT_BOLD,
34                          True)
35
36        self.premier_label.SetFont(ma_font)
```

Regardez d'abord le résultat, je le détaille ensuite :

Changement de texte !!!!

Je crée un objet de la class Font à la ligne 30 et je lui donne en arguments :

La taille de la police comme premier argument.

La famille de la police en deuxième argument (j'y reviens plus bas).

Le style de la police en troisième argument (voir plus bas).

En quatrième, l'argument (je ne connais pas sa traduction Française) correspond au type de mise en gras du texte (voir plus bas).

Et le dernier argument correspond à un booléen qui indique si la police est soulignée ou non (Ne marche pas sur Mac apparemment).

Ensuite je l'applique à mon Label avec la méthode SetFont (ligne 36).

Voyons maintenant les valeurs des arguments :

FontFamily :

Voici d'abord les valeurs tirées de la documentation :

`wx.FONTFAMILY_DEFAULT`	Chooses a default font. 1
`wx.FONTFAMILY_DECORATIVE`	A decorative font. 2
`wx.FONTFAMILY_ROMAN`	A formal, serif font. 3
`wx.FONTFAMILY_SCRIPT`	A handwriting font. 4
`wx.FONTFAMILY_SWISS`	A sans-serif font. 5
`wx.FONTFAMILY_MODERN`	A fixed pitch font. 6
`wx.FONTFAMILY_TELETYPE`	A teletype (i.e.) 7
`wx.FONTFAMILY_MAX`	8
`wx.FONTFAMILY_UNKNOWN`	Invalid font family value, returned by `wx.Font.GetFamily` when the font is invalid for example. 9

Traductions :

1 : Une police par défaut.
2 : Une police décorative.
3 : Une police de type serif.
4 : Une police Manuscrite.
5 : Une police sans-serif (ma traduction était inutile pour celui-là).
6 : Une police à hauteur/intensité déterminée.
7 : Je ne vois pas ce que c'est.
8 : Idem.
9 : C'est la valeur que la méthode GetFamily vous renvoie quand elle ne peut pas déterminer la famille de la police.

Cette méthode est à appliquer sur une police.

Correspond au type de mise en italique.

Les valeurs de la documentation :

wx.FONTSTYLE_NORMAL	The font is drawn without slant. 1
wx.FONTSTYLE_ITALIC	The font is slanted in an italic style. 2
wx.FONTSTYLE_SLANT	The font is slanted, but in a roman style. 3
wx.FONTSTYLE_MAX	4

Traductions :

1 : Sans inclinaison.
2 : Inclinée dans un style Italique.
3 : Inclinée dans un style Roman.
4 : Je ne connais pas. Surement valeur italique Maximum.

FontWeight :

Les valeurs de la documentation pour la mise en gras :

wx.FONTWEIGHT_NORMAL	Normal font. 1
wx.FONTWEIGHT_LIGHT	Light font. 2
wx.FONTWEIGHT_BOLD	Bold font. 3
wx.FONTWEIGHT_MAX	4

Traductions :

1 : Normal.
2 : Mise en gras légère.
3 : En gras.
4 : Décidément cette valeur est partout. Surement valeur
Maximum de mise en gras.

Conclusions

Les Labels se créent avec la classe StaticText.

Vous pouvez changer le texte d'un Label avec la méthode SetLabel.

Vous pouvez paramétrer la police de caractères avec la classe Font.

La FontFamily vous permet de choisir une famille de police.

Le FontStyle vous permet de définir un type de mise en Italique.

Le FontWeight vous permet de choisir un type de mise en gras.

La police créée avec la classe Font s'applique à votre Label avec la méthode SetFont.

Ce chapitre est à présent terminé. Dans le prochain nous parlerons des champs de texte (ou TextCtrl).

7. Champs de textes (ou TextCtrl)

Dans ce chapitre :

- ➤ Créer des champs de textes
- ➤ Plus loin avec les champs de textes
- ➤ Conclusions

Créer des champs de textes

Nous allons créer des champs de textes, c'est à dire des éléments qui nous permettent de rentrer du texte, comme les champs dans lesquels vous rentrez vos identifiants pour vous connecter à un site.

Ce chapitre est une grosse partie alors j'ai séparé mes exemples dans des méthodes que j'ai nommées : Essai1, Essai2 et Essai3. Pour chaque exemple j'appelle la méthode de mon choix comme ceci :

```
21  class Windows(wx.Frame):
22      def __init__(self, *args, **kwargs):
23          super(Windows, self).__init__(*args, **kwargs)
24          self.basicGUI()
25          self.MenuInit()
26
27
28      def basicGUI(self):
29          self.SetSize((1920,1080))
30          self.Move((0, 22))
31          self.Show(True)
32          self.Essai1()
33
34
```

Dans ce premier exemple je vais créer deux champs de texte et deux Labels. De sortes que je puisse recueillir le prénom et le nom d'un utilisateur. Bien sur le design sera basique car ce n'est pas le but de ce chapitre.

Nous allons beaucoup utiliser les Labels alors si vous n'avez pas lu le chapitre qui traite du sujet je vous conseille de le lire avant sinon vous ne comprendrez rien.

Regardez le code suivant, je le détaille ensuite :

```
35    def Essai1(self):
36        self.label01 = wx.StaticText(self,
37                                     label="Prénom",
38                                     pos=(200,200))
39
40        ma_font = wx.Font(25,
41                          wx.FONTFAMILY_DEFAULT,
42                          wx.FONTSTYLE_NORMAL,
43                          wx.FONTWEIGHT_BOLD,
44                          True)
45
46        self.label01.SetFont(ma_font)
47
48        pos_champs = (self.label01.GetPosition()[0], 240)
49        label1Size = self.label01.GetSize()
50
51        self.champTxt1 = wx.TextCtrl(self,
52                                     id=-1,
53                                     pos=pos_champs,
54                                     size=label1Size)
55
56        offsetX = pos_champs[0]+self.label01.GetSize()[0]
57
58        self.label02 = wx.StaticText(self,
59                                     label="Nom",
60                                     pos=(offsetX+20,200))
61
62        self.label02.SetFont(ma_font)
63
64        pos_champs2 = (self.label02.GetPosition()[0], 240)
65        label2Size = self.label02.GetSize()
66
67        self.champsTxt2 = wx.TextCtrl(self,
68                                      id=-1,
69                                      pos=pos_champs2,
70                                      size=label2Size)
```

Ligne 36, je crée un Label qui affiche : Prénom. Ligne 40 je lui
paramètre sa Font et je l'applique ligne 46.

Sur la ligne 48, je crée une variable qui contiendra la position du champ de texte correspondant au Label prénom. Je lui donne la même position horizontale que le Label et lui donne une position verticale de 240, donc si vous avez vue que le Label est à la position 200 vous avez compris que le champs de texte sera en dessous.

Ligne 49 je stocke la taille du Label dans une variable.

Ligne 51, je crée mon premier champ de texte avec la classe TextCtrl et je lui donne comme arguments :
Parent : self,
id : j'ai mis -1 c'est pas important ici.
Position : La variable que j'ai créé ligne 48, c'est à dire : aligné à gauche avec le Label, mais à 40 pixels en dessous de lui.
Taille : La taille du Label.

Ligne 56 je crée une variable qui a pour valeur (en pixels) l'extrémité droite du champ de texte que je viens de créer. Regardez la subtilité, je dis que cette variable que je nomme offsetX est égale à la position du champ de texte + sa largeur.

Ensuite je recommence le processus mais pour le champ du nom de famille. Je recrée un Label qui affiche : Nom et qui démarre à la position :

offsetX+20, c'est à dire à la fin du champ précédent+20 pixels. Et bien sur je le mets à la même hauteur que le premier Label.

J'applique la même Font au Label numéro 2 (Ligne 62).

Lignes 64 et 65 je recrée le même type de variables pour les positions et tailles du champ de texte numéro 2 (le même principe qu'aux lignes 48 et 49).

Enfin ligne 67, je crée le deuxième champ de texte avec les valeurs adéquates.

Voyons ce que ça donne :

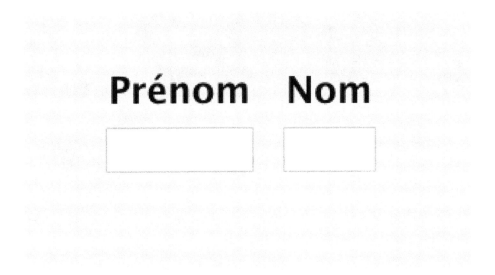

Pas trop mal. Bon par contre je me suis pas embêté dans les tailles, j'ai fait en sorte que les champs de textes aient la même taille que leur Label respectif.

Voilà pourquoi le champ du nom est plus petit. Mais bon ça après c'est vous qui le réglez.

Continuons avec le deuxième exemple : Essai2 :

La méthode est la même que la précédente sauf qu'à la fin vous rajoutez :

```
111        self.bouton_valider = wx.Button(self,
112                                        label="Valider",
113                                        pos=(pos_champs[0], 280)
114
115        self.label_resultat = wx.StaticText(self,
116                                        label="Vous êtes : ",
117                                        pos=(pos_champs[0],320))
118
119
120        self.bouton_valider.Bind(wx.EVT_BUTTON, self.ValiderNom)
121
122
```

J'ai rajouté, un bouton en dessous des champs de textes (aligné à gauche) et qui affiche le texte « Valider ». Ainsi qu'un Label en dessous du bouton qui affiche : « Vous êtes ».

Et enfin j'ai créé un événement sur le bouton qui lance la méthode validerNom (voir capture suivante).

```
123        def ValiderNom(self, e):
124            prenom = self.champTxt1.GetValue()
125            nom = self.champsTxt2.GetValue()
126            resultat = "Vous êtes "+prenom+ " "+nom
127            self.label_resultat.SetLabel(resultat)
128
```

Que va t'il se passer ?

C'est simple dès que vous aurez rempli les champs de textes et que vous aurez cliqué sur Valider, le Label que nous venons de créer va afficher :

« Vous êtes » suivi du prénom et du nom que vous avez renseigné.

Voir sur la capture précédente les lignes 124 et 125 : pour récupérer la valeur d'un champ de texte il faut utiliser la méthode GetValue.

Pour le reste : la concaténation du texte et le SetLabel du Label que nous venons de créer, vous avez les connaissances pour comprendre, je ne reviens donc pas dessus. Faisons un essai :

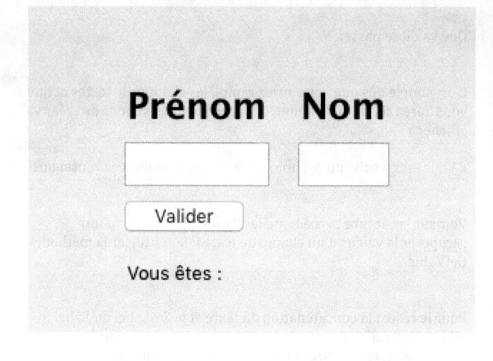

Remplissons les champs et validons en cliquant sur le bouton :

Prénom Nom

| Julien | Faujanet |

Valider

Vous êtes Julien Faujanet

Plus loin avec les champs de texte

Nous allons créer un champ de texte multi lignes.

```
34      def Essai3(self):
35          titre_label = "Entrez votre texte sur plusieurs lignes :
36          self.label = wx.StaticText(self,
37                                     label=titre_label,
38                                     pos=(100,260))
39
40          self.champTxt1 = wx.TextCtrl(self,
41                                       id=-1,
42                                       pos=(100, 300),
43                                       size=(300, 200),
44                                       style=wx.TE_MULTILINE)
45
```

Tout d'abord, je crée une variable qui contient le long texte que je
vais donner au Label. Puis ligne 36 je crée le Label en question.

Ensuite pour mon champ de texte, il s'agit de donner à l'argument
nommé « style » la valeur : TE_MULTILINE et votre champ de texte
sera sur plusieurs lignes. Après c'est à vous de gérer sa taille avec
l'argument size.

**Il y a d'autres styles, je vous en donnerai quelques-uns plus
bas.**

Et si votre texte dépasse les limites du champ de texte, des barres
de défilement s'afficheront sur le côté.

Regardez le résultat :

Entrez votre texte sur plusieurs lignes :

Voilà rien d'exceptionnel mais ça peut être pratique. Sur la capture suivante je vous montre un exemple avec du texte à l'intérieur pour que vous puissiez voir les barres de défilement.

Résultat :

Entrez votre texte sur plusieurs lignes :

Juste un essai pour vous montrer que je
peux écrire sur plusieurs lignes et que si
jamais je dépasse la taille de mon champ de
texte des barress de défilements se
mettront automatiquement sur le côté et je
pourrais ensuite faire défiler mon texte pour
pouvoir le lire sans son intégralité. Bon là
honnêtement je ne sais plus trop quoi vous
raconter alors je pense que je vais devoir
songer à faire un copier/collé, surtout que
j'aurais dû y songer avant j'aurais économisé
30 secondes de ma vie. Mais bon, en même

Voilà. Avant de vous montrer quelques styles, laissez-moi vous montrer comment remplir un champ de texte avec une valeur par défaut. Il suffit de définir l'argument nommé « value » et de lui donner comme valeur le texte de votre choix. Comme ceci :

```
self.champTxt1 = wx.TextCtrl(self,
                             id=-1,
                             value="Texte par défaut"
                             pos=(100, 300),
                             size=(300, 200),
                             style=wx.TE_READONLY)
```

Résultat :

Entrez votre texte sur plusieurs lignes :

Texte par défaut

Voilà. Pour ceux qui ont remarqué le style « TE_READONLY » je le détaille plus bas.

Les Styles :

- `wx.TE_MULTILINE`: Le texte est sur plusieurs lignes.
- `wx.TE_PASSWORD`: Le texte est remplacé par des points.
- `wx.TE_READONLY`: Le texte est en lecture seule.
- `wx.TE_LEFT`: Le texte est aligné à gauche (style par défaut).

- `wx.TE_CENTRE`: Le texte est centré.
- `wx.TE_RIGHT`: Le texte est aligné à droite.

Conclusions

Les champs de texte se créent avec la classe TextCtrl.

Pour récupérer la valeur d'un champ de texte il faut utiliser la méthode GetValue.

Pour mettre un texte par défaut il faut remplir l'argument nommé « value » avec le texte voulu.

Les styles permettent de créer différents types de champs de texte, comme des champs multi lignes ou en lecture seule, ou encore pour les mots de passe.

Ce chapitre est à présent terminé, dans le prochain nous parlerons des Images des Boutons avec Images.

8. Images et Boutons Images

Dans ce chapitre :

- ➢ Créer des Images
- ➢ Créer des boutons avec des Images
- ➢ Conclusions

Créer des images

Le titre devrait plutôt être « Afficher des Images » mais étant donné que nous allons créer un Widget... Bref, commençons par afficher cette image :

L'image en question est un Jpeg qui se trouve dans le même dossier que le projet.

Regardez le code :

```python
10      class Windows(wx.Frame):
11          def __init__(self, *args, **kwargs):
12              super(Windows, self).__init__(*args, **kwargs
13              self.basicGUI()
14
15
16          def basicGUI(self):
17              self.SetSize((1920, 1080))
18              self.Move((0, 22))
19              self.Show(True)
20
21              self.panel = wx.Panel(self)
22              self.panel.SetPosition((200, 300))
23              self.panel.SetSize((340, 370))
24              self.panel.SetBackgroundColour("Grey")
25
26
27              bitmap = wx.Bitmap("moi.jpg")
28
29              self.Thumb = wx.StaticBitmap(self.panel,
30                                          id=wx.ID_ANY,
31                                          bitmap=bitmap,
32                                          pos=(45, 0),
33                                          size=(320, 340)
```

Je commence par créer un panel avec une couleur d'arrière-plan grise.

Ensuite pour afficher une image à l'écran il faut utiliser la classe StaticBitmap. Mais voilà, cette classe ne prend pas le chemin de votre image comme argument. Elle ne prend qu'un objet de la classe Bitmap qui lui prendra le chemin de l'image.

Une fois que l'on a compris ça, c'est facile. Je crée donc un objet de la classe Bitmap à la ligne 27, en lui donnant en argument le chemin de mon image. Puis à la ligne 29 je crée le Widget StaticBitmap qui lui, sera affichable à l'écran. Ce StaticBitmap prend comme argument, un parent (ici notre panel créé plus haut), un id, un bitmap (celui que nous venons de créer) et ensuite, la position est la taille.

Voyons ce que ça donne :

Bon, un fois qu'on a compris le coup avec les Bitmap et
StaticBitmap ça va tout seul.

Créer des boutons avec des images

Créons maintenant un bouton avec une image à l'intérieur. Pour
créer un bouton avec une image à l'intérieur il faut utiliser la
classe « BitmapButton », Je crée une méthode pour mettre tout le
code à l'intérieur (mais n'oubliez pas de l'appeler).

```
43      def SetButtonImage(self):
44
45
46          bitmap = wx.Bitmap("moi.jpg")
47          x = int(self.panel.GetSize()[0] / 2) - 40
48          y = self.panel.GetSize()[1] - 65
49          position = (x, y)
50
51          self.bitmapBtn = wx.BitmapButton(self.panel,
52                                           id=wx.ID_ANY
53                                           bitmap=bitma
54                                           pos=position
55                                           size=(80, 60
```

Je crée mon Bitmap qui contient le chemin de mon image à la ligne
46.
Aux lignes 47 et 48 je défini simplement les coordonnées pour la
position de mon bouton et je stocke ces coordonnées dans une
variable nommé « position » (ligne 49).

Puis ligne 51, je crée mon bouton avec la classe « BitmapButton »,
qui prend en argument, le panel comme parent, un id, le bitmap, la
position et la taille.

Regardez le résultat sur la capture suivante :

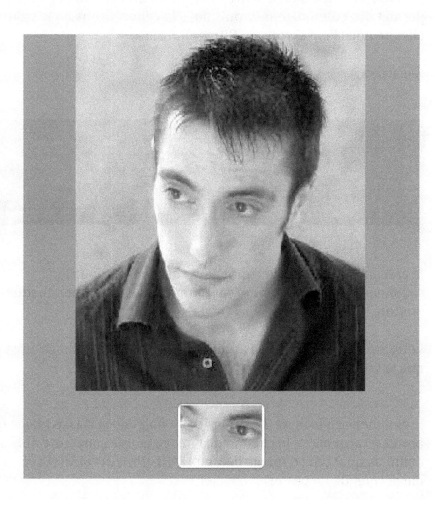

Bon là, ça n'est pas du tout le résultat auquel on s'attendait. Nous allons devoir y remédier. Nous allons devoir redimensionner notre image. Le problème c'est que pour le moment c'est un BitmapButton et que de toute façon ce que l'on envoie au bouton n'est pas un objet de la classe Image mais de la classe Bitmap.

Nous allons donc ouvrir notre image avec la classe Image qui elle, permet de redimensionner puis nous la convertirons en Bitmap et ensuite nous l'enverrons au BitmapButton.

Regardez :

```python
36      def ResizeForBTN(self, image, size):
37          img = wx.Image(image, wx.BITMAP_TYPE_ANY)
38          img_resized = img.Scale(size[0], size[1])
39          bitmap = img_resized.ConvertToBitmap()
40          return bitmap
41
```

Je crée une méthode qui contiendra tout le code pour le redimensionnement comme ça je pourrai l'utiliser pour chaque bouton.

Cette méthode prendra en argument, le chemin de l'image ainsi que la taille et elle renverra le Bitmap redimensionné.

Je commence à la ligne 37 par créer un objet de la classe Image qui prend en argument, le chemin de l'image et une constante qui défini de quel type d'image il s'agit (PNG, JPG), BITMAP_TYPE_ANY me permet de ne pas m'en soucier.

Ensuite j'utilise la méthode Scale (pour redimensionner) sur mon objet Image et cette méthode prend en argument la largeur et hauteur (en pixels) de la taille que je désire.

Je lui donne donc celle que la méthode reçoit en argument.

Elle retourne mon image redimensionnée, que je stocke dans la variable « img_resized ».

J'utilise la méthode ConvertToBitmap sur mon « img_resized » qui permet de convertir une Image en Bitmap et je renvoie ce Bitmap.

Maintenant reprenons notre méthode qui crée le bouton et modifions là un peu :

```
43      def SetButtonImage(self):
44
45          bitmap = self.ResizeForBTN("moi.jpg", (80,60))
46
47          x = int(self.panel.GetSize()[0] / 2) - 40
48          y = self.panel.GetSize()[1] - 65
49          position = (x, y)
50
51          self.bitmapBtn = wx.BitmapButton(self.panel,
52                                          id=wx.ID_ANY,
53                                          bitmap=bitmap,
54                                          pos=position,
55                                          size=(80, 60)
```

On fait appel à notre méthode pour redimensionner notre image.

En lui envoyant en argument le chemin de l'image et la taille désirée (ici 80 pixels de large et 60 de haut).

La méthode renvoie un Bitmap, que l'on stocke dans une variable nommée « bitmap » (ligne 45).

Puis ligne 51 on donne ce bitmap à notre BitmapButton. On fait un essai :

Voilà on y arrive.

Une image pour chaque état du bouton :

Maintenant voyons comment donner une image différente en fonction de l'état du bouton.
Tout d'abord : Qu'est ce que j'entends par « état » ?

Un bouton possède plusieurs états :

-Normal : l'état par défaut.

-Pressed : Quand le bouton est cliqué (mais pas encore relâché).

-Focus : Quand le focus est sur le bouton.

-Disabled : Quand le bouton est désactivé.

Nous pouvons donc assigner une image différente à chacun de ces états. Nous allons commencer par mettre une image différente quand le bouton sera « Pressed ».

Pour cela il faut utiliser la méthode (sur le BitmapButton) SetBitmapPressed et lui donner en argument le Bitmap de l'image que vous voulez lui assigner.

Regardez :

```
43      def SetButtonImage(self):
44
45          bitmap = self.ResizeForBTN("moi.jpg", (80,60))
46
47          x = int(self.panel.GetSize()[0] / 2) - 40
48          y = self.panel.GetSize()[1] - 65
49          position = (x, y)
50
51          self.bitmapBtn = wx.BitmapButton(self.panel,
52                                           id=wx.ID_ANY,
53                                           bitmap=bitmap,
54                                           pos=position,
55                                           size=(80, 60))
56
57          bitmap_pressed = self.ResizeForBTN("1.jpg", (80,60
58
59          self.bitmapBtn.SetBitmapPressed(bitmap_pressed)
60
```

Le code que j'ai rajouté se trouve aux lignes 57 et 59.

Petite parenthèse : j'utilise ma méthode pour redimensionner que j'ai créé plus haut, sur l'image que j'assigne à cet état.

Donc, ligne 57 je crée un Bitmap que je redimensionne (grâce à ma méthode) que je stocke dans la variable « bitmap_pressed ».

Ligne 59 j'utilise la méthode SetBitmapPressed sur mon BitmapButton en lui envoyant en argument, le Bitmap de ma nouvelle image (bitmap_pressed).

Regardons le résultat :

Quand je ne fais rien. Puis maintenant laissons le bouton gauche de la souris pressé sur le bouton :

ça marche.

Et oui, je reconnais que le choix de mes images est discutable ;-)

Les autres possibilités sont :

-SetBitmapCurrent (l'état normal)
-SetBitmapDisabled (l'état désactivé)
-SetBitmapFocus (l'état focus).

Conclusions

Une image se créée avec la classe StaticBitmap, mais cette dernière ne prend l'image en argument que sous la forme d'objet de la classe Bitmap.

Alors les deux façons de faire sont, soit de créer un objet de la classe Bitmap et de lui donner en argument le chemin de votre image. Que vous pourrez ensuite envoyer à votre StaticBitmap.

Soit de créer un objet de la classe Image en lui donnant en argument le chemin de votre image, puis une constante qui définie de quel type d'image il s'agit, puis d'utiliser sur cet objet Image la méthode ConvertToBitmap pour pouvoir obtenir un objet de la classe Bitmap que l'on envoi aussi à l'objet StaticBitmap.

Pour créer un bouton il faut utiliser la classe BitmapButton et lui envoyer en argument un objet de la classe Bitmap.

Une Image dans un BitmapButton n'aura pas forcément la taille voulue.

Pour la redimensionner à votre guise, vous devrez créer votre image avec la classe Image en premier puis la redimensionner avec la méthode Scale qui prendra en argument la taille que vous souhaitez.

Ensuite faire une conversion en objet de la classe Bitmap, que vous enverrez à votre BitmapButton.

Un bouton a plusieurs états.

Vous pouvez assigner à votre BitmapButton une image par état avec les méthodes :

SetBitmapPressed, SetBitmapCurrent, SetBitmapDisabled et SetBitmapFocus.

Ce chapitre est à présent terminé. Dans le prochain nous verrons la Toolbar, (ou barre d'outils en Français).

9. Toolbar (Barre d'outils)

Dans ce chapitre :

- ➢ Créer une Toolbar
- ➢ Les évènements de la Toolbar
- ➢ Conclusions

Pour la barre d'outils nous allons créer une méthode qui nous permettra de la paramétrer. Je la nomme « ToolbarInit et je l'appelle à l'initialisation de la fenêtre principale.

Nous commençons par stocker dans une variable le chemin qui pointe vers les différentes icones.

```
10   class Windows(wx.Frame):
11       def __init__(self, *args, **kwargs):
12           super(Windows, self).__init__(*args, **kwargs)
13           self.basicGUI()
14           self.ToolbarInit()
15
16       def basicGUI(self):
17           root_folder = "/Users/MacBook/Documents/Pro/Aut
18           path = "Livres/Python/Projets Python/WxPython/T
19           root = root_folder + path
20
21           self.SetSize((1920, 1080))
22           self.Move((0, 22))
23           self.Show(True)
24
25           self.icones = {}
26           self.icones['Play'] = root+"PlayIco.png"
27           self.icones['Parametres'] = root+"SettingsIco.p
28
```

J'ai coupé la fin du chemin sur la capture pour pouvoir améliorer sa visibilité, mais ça n'a aucune importance car de toute façon le chemin vers vos icones sera diffèrent sur votre ordinateur.

Voici le nom de mes icones :

Lignes 17, 18 et 19 je crée la variable qui va pointer vers le dossier des icones que j'ai téléchargé gratuitement sur internet. (Je n'ai pris que 2 icones pour cet exemple mais vos barres d'outils seront bien sur plus grandes).

Lignes 25, 26 et 27, je crée un dictionnaire qui stocke les chemins des icones. Je leur donne comme clé du dictionnaire un nom assez parlant :

Play pour la première et Paramètre pour la deuxième icône.

Maintenant la méthode « ToolbarInit » :

```
29      def ToolbarInit(self):
30          toolbar = self.CreateToolBar()
31          parametres = toolbar.AddTool(
32              wx.ID_ANY,
33              'Paramètres',
34              wx.Bitmap(self.icones['Parametres']))
35
36          play = toolbar.AddTool(
37              wx.ID_ANY,
38              'Play',
39              wx.Bitmap(self.icones['Play']))
40
41          toolbar.Realize()
42
43          self.Bind(wx.EVT_TOOL, self.Params, parametr
44          self.Bind(wx.EVT_TOOL, self.Play, play)
45
46
47      def Params(self, e):
48          print("Vous avez cliqué sur Paramètres")
49
50      def Play(self, e):
51          print("Vous avez cliqué sur Play")
52
```

Pour créer une Toolbar, il faut utiliser la méthode
« CreateToolBar » sur la fenêtre dans laquelle vous voulez la créer.
Cette méthode s'utilise donc sur un objet de classe Frame.

Je stocke donc ma toolbar dans une variable que je nomme
« toolbar ».

Ensuite, ligne 31 je commence à créer un premier élément de la
Toolbar (Le bouton Paramètres), en utilisant la méthode
« AddTool » sur ma toolbar.

Cet élément de la classe Toolbar peut se créer de plusieurs manières :

Vous devez lui renseigner un ID, ensuite vous pouvez utiliser la méthode d'initialisation qui attend aussi son label (comme moi) et vous devez lui renseigner son icône (sous forme d'objet Bitmap).

Vous voyez donc sur la capture que je donne à mon élément que je stocke dans la variable paramètre : un label « Paramètres » et un Bitmap qui prend l'icône que j'ai choisi pour représenter l'élément Paramètres.

Je refais pareil à la ligne 36 avec Play.

Puis, très important, vous devez appeler la méthode Realize (ligne 41) sur votre toolbar sinon elle ne s'affichera pas.

Les événements de la Toolbar

Aux lignes 43 et 44, j'ai créé un événement sur chacun des deux éléments de la Toolbar.

Les événements de la Toolbar se créent avec la constante « EVT_TOOL ».
Pour l'icône de paramètres je lancerai la méthode Params quand l'élément sera cliqué (ligne 47) et pour Play, c'est la méthode Play qui sera lancée (ligne 50).

Dans cet exemple je me contente à chaque clic sur un des éléments de la toolbar d'afficher un print qui annonce sur quel élément l'utilisateur a cliqué.

Faisons un essai :

Voilà ce que ça donne. Et quand on clique sur les éléments :

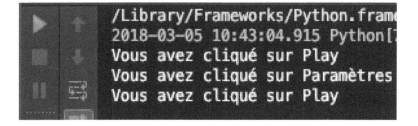

Pas très original comme exemple, mais mon but est de vous apprendre à vous en servir. C'est chose faite.

Conclusions

Pour créer une Toolbar il faut utiliser la méthode « CreateToolBar » sur la fenêtre (Frame) sur laquelle vous voulez l'afficher.

Pour afficher une Toolbar il faut utiliser sa méthode Realize.

Pour créer un élément de Toolbar, il faut utiliser sa méthode AddTool.

Ce chapitre est à présent terminé. Dans le prochain nous allons voir les boîtes de dialogue.

10. Les boites de dialogue

Dans ce chapitre :

- ➢ Créer des boites de dialogue simple
- ➢ Créer des boites de dialogue à choix
- ➢ Créer des boites de dialogue à choix multiples
- ➢ Conclusions

Créer des boîtes de dialogue simple

Nous allons créer une première boîte de dialogue simple qui se contente d'afficher sa fenêtre avec un titre et un message et qui disparaît quand on clique sur le seul bouton qu'elle possède. Je regroupe le code de cette boîte de dialogue dans une méthode que je nomme « AskUser » et je l'appelle dans la méthode d'initialisation de ma fenêtre principale. Regardez le code :

```
11     class Windows(wx.Frame):
12         def __init__(self, *args, **kwargs):
13             super(Windows, self).__init__(*args, **kwargs)
14             self.basicGUI()
15             self.AskUser()
16
17
18         def basicGUI(self):
19             self.SetSize((1920, 1080))
20             self.Move((0, 22))
21             self.Show(True)
22
23         def AskUser(self):
24             message = "Bonjour ceci est un message..."
25             titre = "Titre de la fenêtre"
26             try:
27
28                 dlg = wx.MessageDialog(None,
29                                        message,
30                                        caption=titre)
31
32                 if dlg.ShowModal() == wx.ID_OK:
33                     # le code ici
34                     print('Hello')
35                 else:
36
37                     print("Annulation !")
38             finally:
39                 # destruction de la boite de dialogue
40                 dlg.Destroy()
41
```

Aux lignes 24 et 25 je stocke le titre et le message dans des variables.

Ensuite j'englobe le code de ma boîte de dialogue dans un « Try ».

Une boîte de dialogue simple se créée avec la classe « MessageDialog » et prend en arguments : un parent (ici None) le message (Le code que j'ai stocké dans ma variable « message » et un titre qui est appelé « caption » que j'ai stocké dans ma variable « titre ».

Ensuite à la ligne 32 je fais un if qui signifie que si le bouton cliqué correspond à « OK » (ID_OK est une constante qui correspond à OK) alors le code à l'intérieur du if est exécuté.

Le else n'était pas nécessaire, mais mes habitudes ont la vie dures ;-)

Ensuite dans le finally, j'utilise la méthode « Destroy » sur l'objet de ma boîte de dialogue qui aura pour effet de la détruire.

Ici la boîte de dialogue doit s'afficher au lancement du programme. Faisons un essai :

On clique sur OK et elle disparaît. Ça marche. Continuons. Il faut savoir que l'argument nommé « style » est très important pour les éléments car ils permettent souvent de totalement changer l'élément initial. Par exemple regardons les styles de la boîte de dialogue simple :

```
dlg = wx.MessageDialog(None,
                       message,
                       caption=titre, style=wx.HELP
```

Je donne à l'argument « style » la constante « HELP » qui rajoute un bouton « Aide ». Vous avez donc compris que si vous cliquez dessus ce n'est pas la condition if qui sera exécutée mais le Else. Regardez :

Quand je clique sur Help :

```
Annulation !
```

Bien entendu « Help » veut dire Aide alors j'aurais du mettre un code en rapport avec l'aide mais c'est juste pour vous montrer. On continue.

```
dlg = wx.MessageDialog(None,
                       message,
                       caption=titre, style=wx.HELP|wx.CAN(
```

Vous pouvez combiner les styles :

Voyons maintenant quelques styles que vous pouvez appliquer à vos boîtes de dialogue.

Je ne les ai pas tous mis et certains ne marchent pas chez moi. Je suis sur MacOs.

wx.OK: Bouton OK, il peut être combiné avec CANCEL.

`wx.CANCEL` : Bouton Cancel, il doit être combiné avec `OK` ou `YES_NO`.

`wx.YES_NO`: Bouton Oui et Non.

`wx.HELP`: Bouton d'aide.

`wx.ICON_NONE` : Sans Icones. (Ne marche pas chez moi : MacOs).

`wx.ICON_EXCLAMATION`: Affiche une icône d'exclamation :

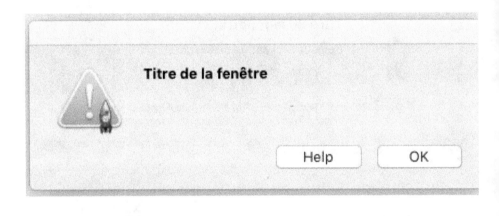

`wx.ICON_ERROR`: Icône d'erreur (Ne marche pas chez moi : MacOs).

`wx.CENTRE`: Centre la boîte de dialogue sur son parent ou au centre de l'écran s'il n'en a pas.

Créer des boîtes de dialogue à choix

Nous allons maintenant créer une boîte de dialogue à choix. Ce qui signifie que la boîte de dialogue nous demandera de faire un choix dans une liste.

Je crée une méthode que je nomme « AskChoice » qui regroupe tout le code de cette boîte de dialogue. Regardez :

```
43    def AskChoice(self):
44        message = "Choisissez dans la liste"
45        titre = "Faire un choix"
46        liste = ["Un", "Deux", "Trois", "Quatre", "Cinq"]
47
48        try:
49
50            dlg = wx.SingleChoiceDialog(None,
51                                        message,
52                                        titre ,
53                                        liste)
54
55            if dlg.ShowModal() == wx.ID_OK:
56                # le code ici
57                print('Résultat : ', dlg.GetStringSelection())
58            else:
59
60                print("Annulation !")
61        finally:
62            # destruction de la boite de dialogue
63            dlg.Destroy()
64
65
```

Comme pour la boite de dialogue précédente, je crée une variable qui va contenir le message et une autre qui va contenir le titre.

Puis, ligne 46, je crée une liste (qui me sera proposé dans la boîte de dialogue).

Cette liste contient les valeurs :

Un, Deux, Trois, Quatre, Cinq.

Bien sur il ne faut pas oublier d'appeler la méthode :

```
16    self.AskChoice()
17
```

Comme pour la boite de dialogue précédente, j'englobe son code dans un Try.

Pour créer cette boite de dialogue à choix, il faut utiliser la classe SingleChoiceDialog et lui envoyer comme arguments :

Le parent (Ici, None), puis le message, le titre et enfin la liste dans laquelle nous voulons que la boite de dialogue nous demande de faire un choix.

La condition if, fonctionne de la même manière que la boite de dialogue précédente, mais pour récupérer le choix de l'utilisateur il faut utiliser la méthode « GetStringSelection » sur l'objet de notre boite de dialogue.

Il y a d'autres manières de récupérer le choix de l'utilisateur. Cette façon là permet de récupérer le choix sous forme de chaine de caractères.

Le reste du code ne change pas par rapport à la boite de dialogue précédente.

Regardez le résultat :

Je fais un choix, puis je valide et j'obtiens :

Nous allons maintenant voir une variante de la boite de dialogue à choix. Il s'agit de la boite de dialogue à choix multiple.

Boîtes de dialogue à choix multiples :

Créons maintenant une boite de dialogue à choix multiples. La classe pour la créer est « MultiChoiceDialog ».

Information :
Dans ce paragraphe j'ai importé wxPython de la manière :

C'est exceptionnel, j'ai fait des changements pour faire quelques tests, mais ça n'est pas important. Vous ne verrez donc pas le préfixe « wx ».

Regardez le code :

```
59        def AskChoice(self):
60            message = "Choisissez dans la liste"
61            titre = "Faire un choix"
62            liste = ["Un","Deux","Trois","Quatre","Cinq","Six","Sep
63
64            try:
65
66                dlg = MultiChoiceDialog(None,
67                                              message,
68                                              titre ,
69                                              liste)
70
71                if dlg.ShowModal() == ID_OK:
72                    # le code ici
73                    print('Résultat : ', dlg.GetSelections())
74                else:
75
76                    print("Annulation !")
77            finally:
78                # destruction de la boite de dialogue
79                dlg.Destroy()
80
```

La méthode est la même que pour le paragraphe précédent. Les seules choses qui changent sont :

Le rajout de deux valeurs (Six et Sept) dans la liste car je voulais plus de choix pour un exemple plus probant.

Et pour récupérer le choix de l'utilisateur il faut utiliser la méthode «GetSelections » (avec un S) sur l'objet de notre boite de dialogue.

Et bien évidemment (mais ça je l'ai déjà dit : La classe pour créer une boite à choix multiple : MultiChoiceDialog).

Le reste, je ne le détaille pas c'est le même que pour notre précédent exemple.

Faisons un essai :

Les petites cases à cocher à côté des sélections nous prouvent bien que nous pouvons faire plusieurs choix. Cochons quelques cases :

Validons et vérifions :

```
Résultat :  [0, 2, 4]
```

Oui. Comme il y a plusieurs choix, il nous renvoi les index des ces choix.

Quand je dis « index » je veux dire les index de la liste que nous envoyons en argument de la classe.

Nous allons arranger ça :

```
 84      def AskChoice(self):
 85          message = "Choisissez dans la liste"
 86          titre = "Faire un choix"
 87          liste = ["Un", "Deux", "Trois",
 88                   "Quatre", "Cinq", "Six", "Sept"]
 89
 90          try:
 91
 92              dlg = MultiChoiceDialog(None,
 93                                      message,
 94                                      titre ,
 95                                      liste)
 96
 97              if dlg.ShowModal() == ID_OK:
 98                  # le code ici
 99                  mes_choix = dlg.GetSelections()
100                  for choix in mes_choix:
101                      print('Résultat : ', liste[choi
102              else:
103
104                  print("Annulation !")
105          finally:
106              # destruction de la boite de dialogue
107              dlg.Destroy()
108
```

Mis à part le fait que je sois allé à la ligne sur les éléments de la liste pour une meilleure visibilité sur la capture, le changement dans le code se trouve de la ligne 99 à la ligne 101.

Je récupère les choix de l'utilisateur (grâce à la méthode
« GetSelections ») dans une variable nommée : « mes_choix »
(même si je n'y suis pas obligé).

Je fais une boucle « for » sur cette variable « mes_choix » qui
contient tous les index des choix de l'utilisateur.

Puis dans un print j'affiche les éléments de la liste pour chacun des
index.

Regardons le résultat en resélectionnant les mêmes valeurs que
dans l'exemple précédent :

```
Résultat : Un
Résultat : Trois
Résultat : Cinq
```

Voilà, ce coup-ci, ça marche comme on le voulait.

Conclusions

Les boîtes de dialogue simple permettent d'afficher un message et d'attendre que l'utilisateur clique sur un bouton.

Les boîtes de dialogues à choix permettent à l'utilisateur de choisir une valeur que la boite de dialogue lui propose parmi une liste.

Les boîtes de dialogue à choix multiples fonctionnent comme les boîtes de dialogue à choix, sauf que l'utilisateur peut choisir plusieurs valeurs de la liste.

L'argument nommé « style » permet de personnaliser le type de bouton et d'icones que vous souhaitez dans votre boite de dialogue.

Ce chapitre est à présent terminé.

Conclusions

Ce livre n'avait pour but que de vous donner les bases pour pouvoir créer des interfaces graphiques en Python. Si vous souhaitez un apprentissage plus poussé, il va falloir attendre le tome 2.

Qu'avons nous appris dans ce livre ?

Nous avons appris à créer la fenêtre principale et à optimiser sa classe grâce à l'héritage.

Une fenêtre se crée avec la classe Frame. Les éléments doivent avoir un parent (ou être à None). La plupart ont une position et une taille qui doit être renseignée.

Les Panels sont des cadres qui permettent de regrouper plusieurs éléments et qui peuvent s'avérer très pratique avec un Hide ou un Show car l'on peut Cacher et Montrer tous les éléments d'un coup.

Les boutons vous permettront d'exécuter du code quand vous cliquez dessus (grâces aux évènements).

Les boutons peuvent même avoir une image au lieu d'un label.

Les boutons ont plusieurs états, Normal, Désactivé, Focus, Pressed.

Les évènements peuvent se déclencher de plusieurs manières différentes en fonction de l'élément qui doit le déclencher.

Les boîtes de dialogue vous permettront d'interagir avec l'utilisateur ; Vous avez le choix entre les boites de dialogue :
- Simple
- A choix simple
- A choix multiples

Et d'autres que nous verrons dans le prochain tome.

D'ailleurs puisque je vous parle de prochain tome, laissez-moi vous parler de ce que nous y verrons :

-Checkbox (Cases à cocher).

-FilePicker (Récupérer un fichier sur le disque dur, pour l'intégrer à notre programme).

-Combobox (Menu déroulant).

-ColorPicker (Pour choisir une couleur).

-Slider (Glissière).

-GradientButton (Boutons avec dégradé).

-RadioButton (Bouton Radio).

Et d'autres choses tout aussi intéressantes.

Si vous avez acheté ce livre sur Amazon, je vous suis très reconnaissant de me mettre une note et un commentaire, ce qui boostera mes ventes et m'encouragera pour la suite.

...Merci...

Bibliographie

Manuel indispensable pour Unity :

Dans ce livre vous apprendrez de façon claire et précise comment créer des jeux vidéo avec le moteur de jeux : Unity. Même si vous n'avez aucune notion de programmation, elles vous seront apprises de façon simple.
L'auteur à sorti plusieurs jeux Smartphones grâce à ce moteur de jeux et sur différentes plateformes : Windows Phone / Android / IOS. Mais vous pouvez aussi créer vos jeux pour d'autres supports : Linux / Apple TV etc....

L'adultère, les ex, les virus, comment les démasquer :

Dans ce livre vous allez apprendre les bases pour démasquer un adultère ou un conjoint menteur d'un point de vue informatique ou tout simplement comment vous cacher d'une personne un peu trop curieuse.

Bien commencer avec Python 3 :

Dans ce livre vous apprendrez les bases du langage de programmation Python dans sa version 3. Si vous voulez apprendre les bases (ainsi que quelques astuces) ce livre est celui qu'il vous faut. Vous apprendrez ce qu'il faut savoir de façon claire et rapide.

Python 3, niveau intermédiaire :

Dans ce livre vous passerez au niveau supérieur si vous avez les bases en Python, vous apprendrez comment créer des logiciels de manipulations d'images avec Tkinter et la librairie Pil (Pillow)

Python 3, niveau avancé :

Dans ce livre, vous monterez encore d'un cran et le thème principal du livre est d'apprendre à dissimuler des données dans une image (ce domaine se nomme : sténographie). Ne faîtes pas l'erreur de croire que c'est quelque chose de compliqué... Pas avec ce livre.

Python 3, de débutant à avancé :

Ce livre est le regroupement des trois précédents livres en un seul volume. Mais cela fait de lui un des livres les plus achetés sur le langage Python. Trois livres pour le prix d'un, c'est le livre qu'il vous faut.

Bien commencer avec Pygame :

Vous voulez créer des jeux vidéo simples avec le langage de programmation Python, mais vous ne voulez pas apprendre une technologie compliqué et vous souhaitez que votre apprentissage soit assez rapide ? Ce livre vous apportera les bases qu'il vous faut.

Automatisation avec Python :

Vous voulez apprendre comment faire exécuter des taches à votre ordinateur grâce au langage de programmation Python ? Vous voulez créer un système qui clique automatiquement ou qui se connecte à un site ? Vous voulez créer un « bot » ? Vous êtes devant le bon livre.

Créez des logiciels facilement avec Visual Studio :

Vous voulez apprendre à créer des logiciels Windows de la façon la plus simple et la plus rapide possible ? C'est le bon livre. Vous pensez que quand vous lisez un livre c'est toujours plus dur que ce que vous avait annoncé le titre ? Sachez que ce livre est à la porté d'un enfant de 11 / 12 ans. Si vous pensez toujours que ce livre peut être compliqué : Pensez-vous que ce soit compliqué de sélectionner des éléments dans une colonne pour les faire glisser avec la souris là ou vous voulez qu'ils apparaissent dans votre logiciel ? Parce que c'est comme ça que vous allez créer votre premier logiciel.

Les Contrôles Windows Form :

Ce livre regroupe des astuces et explications pour le livre précédent. Si vous débutez avec la création en Visual studio, ce livre vous sera très utile. En fait ce livre n'est qu'un (gros) plus pour les débutants et intermédiaires. Il explique comment utiliser certains éléments et fait gagner beaucoup de temps au lecteur.

L'API Twitter en Python tome 1 :

Ce livre vous permettra de manipuler Twitter en Python. Pour automatiser toutes les taches que vous désirez comme : écrire des tweets, retweeter automatiquement, faire des recherches d'utilisateurs. Vous voulez un « bot » pour Twitter ? Lisez ce livre.

Astuces en Swift:

Dans ce livre vous verrez : Comment récupérer une photo dans la galerie de l'appareil depuis mon code ? Comment poster facilement sur les réseaux sociaux sans importer de SDK ? Comment enregistrer une View sous forme d'UIImage ? Comment mettre en place un ScrollView facilement et rapidement (et en gérant le Zoom) ? Comment modifier le code d'une classe quand je ne peux pas accéder à son code source ? Comment gérer le style pour : Arrondir les images, créer un dégradé, une ombre, une animation ? Toutes ces réponses sont dans ce livre et en Français.

Gagner aux paris sportifs:

Dans ce livre vous verrez : Comment gagner aux paris sportifs avec trois méthodes (dont une avec 100% de chances de réussite). Ce livre est court, mais je vous conseille de l'acheter si vous êtes fan de paris sportifs.

Python Utile :

Dans ce livre vous allez apprendre à utiliser des fonctionnalités souvent vues comme obscures : Les décorateurs sont de la partie et grâce aux méthodes magiques, les (produits) cartésiens et les bots auront bien du mal à vous surprendre. Ce sera à vous de réécrire l'algorithme de la galaxie...

www.ingramcontent.com/pod-product-compliance
Lightning Source LLC
Chambersburg PA
CBHW071130050326
40690CB00008B/1403